幸せのかたち

柏木哲夫

いのちのことば社

はじめに

二〇二二年十二月二十日、日本フリーメソジスト桜井聖愛教会の大澤恵太牧師から執筆依頼のメールをいただきました。先生は当時、近畿福音放送伝道協力会（近放伝）で、伝道用機関誌『福音の光』の編集を担当しておられました。ご依頼の内容は、同誌の二〇二三年一月号から十二月号の一年間、コラム部分の執筆についてでした。『福音の光』誌は教会を通して、クリスチャンではない方々に届けられることを想定しているということでした。この機関誌には「キリスト教信仰に触れることができるコラム」というものがあり、そこを担当してほしいとのご希望でした。「クリスチャンでない方々にも関心を持っていただける内容であれば、先生が現在考えておられることや、発信したいと思っておられることを」という文章が続いており、そのようなことでよいのなら、お引き受けしようと思い、その旨お返事をしました。

けれども、お引き受けはしたものの、どのような内容にするか、ずいぶん長い間考えました。そして、多くの人が関心を持っていることについて、自分の経験を含めて「幸せ」について書いてみることに決めました。ただ、「幸せ」という主題は抽象的で私には大きすぎるとも思いました。あれこれ悩んでいるうちに、「幸せには、かたちがあるのだろうか」という疑問が湧いてきました。この問いに対する答えを私自身が持っているわけではありませんが、とにかく全体の題を「幸せのかたち」として、自分の考えや信仰生活での経験を書くことにしました。そして、毎月「幸せのかたち」を書くことが私の一つの楽しみになったのです。

一年間のコラム執筆を終えたとき、幸せのかたちは、人、時、場合によって変わることがわかりましたが、たましいの平安があるかないかが、決定的に大切であると思うようになりました。人生の様々な段階で直面する事態は異なるとしても、その対応の仕方は神の御手の中で導かれ、摂理を受け取り、委ねることができれば幸せを体験できるのではないか、と。委ねることは簡単ではありません。委ねる対象がまずはっきりしていることが大切です。そして、委ねる決断をする必要があります。このような思いを巡らせているうちにコラムの内容をさらに深め、一冊の書物にできないだろうかという思いが生まれてきました。

そこで浮かんだアイディアは、「幸せのかたち」という書名にふさわしい人と対談をし、それをコラムに追加して書籍にするということでした。早速、いのちのことば社の長沢俊夫氏に相談すると、対談を含む書籍の出版に賛成してくださいました。相談の結果、対談の相手として笹子三津留先生にお願いすることになり、ご快諾いただきました。笹子先生に関しては、「おわりに」で触れさせていただきます。

以上、本書出版の経緯を述べましたが、対談の「真の幸せとは何か」を読み重ねていただき、皆様の「幸せのかたち」が少しでも豊かになれば、嬉しく思います。

目次

Ⅱ

《対談》真の幸せとは何か　柏木哲夫・笹子三津留

本文レイアウト・イラスト＝長尾契子

I

幸せのかたち

1　人生の新しいスタート

二〇二〇年の日本人の平均寿命は、女性が八七・七四歳、男性が八一・六四歳で、いずれも過去最高を更新したことが二〇二二年十月、厚生労働省の集計でわかりました。この結果、日本の平均寿命が女性は世界一位、男性は二位となりました。日本はまさに長寿国です。私は一九三九年五月生まれ、現在八十五歳です。大きな健康上の問題もなく、元気に日々を過ごせているのは神さまのお守りと信じ、感謝しています。

これまでの人生を振り返ってみますと、大切な節目とスタートがあったことに気がつきます。私の場合、三つの新しいスタートが三年間に起こりました。一九六四年の受洗、一九六五年の医学部卒業、一九六六年の結婚です。

〈受洗〉

受洗とは、キリスト教の洗礼を受けてクリスチャンとなることを言います。私が初めて教会へ行ったのは大学二年生の時でした。熱心なクリスチャンの友人の勧めがあったからです。

アメリカから来た宣教師のたどたどしい日本語のメッセージ、「よくいらっしゃいました」と言ってくださったおばあさんの温かい笑顔が印象的でした。それがきっかけで、聖書を読み始め、教会の礼拝にも出席するようになりました。そして五年目に洗礼を受けてクリスチャンとなりました。

〈医学部卒業〉

医学部の授業の中では覚えなければならないことが非常に多くて、苦労しました。特に解剖学では全身の骨の名前、骨の突起や溝の名前を、ラテン語と日本語の両方で覚える必要がありました。特に頭蓋骨が厄介でした。家庭学習用に持って帰る予定の頭蓋骨の包みを電車の網棚に忘れたときには慌てました。引き取りに行ったとき、包みを開けたときの駅員の顔が忘れられません。

授業の中で一番面白く、興味がもてたのは精神科でした。インターン終了後は母校の精神神経医学講座に入りました。

〈結婚〉

大学入学後、すぐにクラブ活動としてＥＳＳ（English Speaking Society）に入りました。英会話がうまくなることを主な目的にしているクラブです。もともと英語に興味があり、英語で会話ができたらいいなという夢がありました。昼休みには、五〜六人のグループに分かれて、テキストを使って英会話の練習をします。

そのグループに文学部心理学科の女性がいました。妙に馬が合い、二人で会うようになりました。彼女は私が行っていた教会のメンバーでした。七年間の交際の後、二人は結婚することになりました。

受洗は私の信仰生活のスタート、卒業は私の職業生活のスタート、結婚は私の家庭生活のスタートでした。スタート後の様々な体験については続けて書いていきたいと思っています。

私は神さまの恵みにより、これまで幸せな人生を送らせていただきました。多くの方々と接触してきて、人によって「幸せ」と「幸せ感」は違うと思っています。他人から見ると幸せそうな人生なのに、本人はそうは思わず、不幸の連続のような人生から、幸せ感をつかみ出す人もあります。私の人生経験の中から、「幸せのかたち」を考えてみたいと思います。

2　精神科への道

精神神経医学講座には多くの分野がありましたが、私は精神身体医学グループに入りました。精神的なことが身体症状として現れることに興味があったからです。たとえば、「円形脱毛症」は精神的ストレスと深い関係があります。蕁麻疹《じんましん》や頭痛も心の悩みの結果として起こることが多いとされています。

以下に紹介するのは、精神的な問題が原因で蕁麻疹が出る「心因性蕁麻疹」の診断に関して考え出された方法です。鯖《さば》はしばしば蕁麻疹の原因になります。心因性蕁麻疹の疑いがある女性に、二つのコップを渡します。どちらかに鯖のエキスが入っていると告げます。実際はどちらにも鯖のエキスは入っていないのです。女性が一つを選んで飲んだ直後に、実験助手が「すみません。間違えて両方に鯖のエキスを入れてしまいました」と言います。すると、蕁麻疹が出始めました。これで、この患者の蕁麻疹が何らかの精神的なことが原因で起こっていることがわかるのです。

精神的なことが原因で身体的な症状が出ることは、かなりしばしば見られます。円形脱毛症の小学生を診たことがありますが、親子関係の軋轢《あつれき》が関係していると思われました。母親との面接を数回し、母親の患児への接し方を変える指導をしたところ、治癒したという例を経験したことがあります。

精神身体医学の臨床と研究を続けているうちに、頭痛の臨床と研究に関心を持つようになり、「頭痛外来」を始めました。多くの頭痛に悩む患者さんと接しているうちに、「頭痛性格」というものがあるのではないかと思い始めました。これまでの研究を調べてみますと、頭痛持ちの人は、真面目で几帳面であるとの報告がありました。

私は頭痛外来での経験から、頭痛持ちの患者さんは独特の「時間感覚」を持っていると感じ始めました。一言で言いますと、「時間にうるさい」、「時間が気になる」のです。私自身もその傾向がありますが、たとえば、約束の時間に遅れない、原稿の締め切りは必ず守る、などです。約束の時間に遅れる人には、かなり腹が立ちます。

精神神経医学講座に頭痛持ちの先輩がいました。時間人間でした。講座の集まりには決して遅れませんでした。彼は講座の代表として大学全体の多くの会議に出るようになりました。結果、講座の会議に遅れざるをえなくなりました。時間人間として生きることができなくなったのです。彼はうまく開き直りました。時間人間を辞める決断をしたのです。そして、彼の頭痛も治りました。

私も元来頭痛性格の持ち主です。しかし、洗礼を受けてから、頭痛は明らかに減りました。たましいの平安が頭痛性格に良い変化を与えてくれたのでしょうか。

3　異文化体験

精神医学の経験を積むうちに、留学して外国の精神医学を経験したいという思いが強くなり、留学試験を受け、一九六九年から三年間ワシントン大学（セントルイスにある）精神科に留学しました。私の人生の方向性を決めた貴重な三年でした。

精神疾患の症状はその国の文化の影響を受けると言われますが、そのとおりでした。アメリカ人は感情を素直に表現します。よく笑い、よく泣きます。軽いうつ状態の中年男性患者が診察場の椅子に座るなり、泣き出しました。駐車場がなかなか見つからなかったというのです。日本ではまず考えられないことです。

もう一つの特徴は、精神的（メンタル）なことと霊的（スピリチュアル）

なこととが複雑に絡み合うことです。やはり中年の女性患者ですが、不安神経症でした。人が集まる所が苦手でした。たとえば、バスに乗れなくなったのです。彼女が最もつらかったのは、教会の礼拝に行きにくくなったことでした。熱心なクリスチャンだった彼女は、これまで日曜日の礼拝には必ず出席していました。しかし不安神経症になってからは、行けなくなったのです。彼女にとっては買い物に行けないことと、礼拝に行けないこととの間には雲泥の差がありました。買い物はだれかに頼めますが、礼拝出席は代理というわけにはいきません。

肺がんの男性末期患者（五十代）の悩みも、二つのことが絡み合っていました。教会へ行けなくなったのが悲しいという気持ちと、自分は末期癌なので、病気の回復を真剣に祈ってくれている牧師に申し訳ないという気持ちの両方がありました。

日常生活の場でも文化の差を感じました。留学生活が始まって三か月ほど経ったとき、同僚のアメリカ人医師が、とても親切に「テツオ、yes《イエス》とno《ノー》

をはっきり言わないと、アメリカでは生きていきにくいよ」と言いました。数日前、当直の日を変わってくれないかと彼に頼まれました。その日は私にも少し事情があったのですが、「OK」と言ってしまいました。彼は、私の「OK」という返事の仕方の裏にある本音を感じたのでしょう。「ほかをあたってみる」と言いました。そのことを思い出して、yesとnoをはっきりと言うことの大切さを伝えてくれたのだと思います。三年間のアメリカ生活でyesとnoをはっきり言う習慣がつきました。しかし帰国後は、「いいえ」と言いたいのに、「はい」と言ってしまう自分に戻ってしまいました。

留学生活を通して、人間の健康の要素に四つがあることを実感しました。それは体、心、社会、たましいです。それぞれ身体的、精神的、社会的、霊的と呼ばれます。身体、精神はどこの国でも共通ですが、社会と霊は国によってかなりの違いがあります。自分が日本という社会に住んでいることをしっかり自覚することの大切さを思います。

4　神さまがなさること

人生には実に様々なことが起こります。嬉しいこと、楽しいこと、つらいこと、悲しいこと……。神を信じる者には、それらのことが働き合って益となる、と聖書は教えています（新約聖書 ローマ人への手紙八章二八節）。八十三年間の人生を振り返ってみると、「まさにそのとおり」と思います。実に様々な経験をしましたが、すべてが働き合って益になったと思います。

とてもつらかった経験が良い結果をもたらしたことは鮮明に思い出されます。母親が看護師だったこともあって、私は医者になりたいと思いました。大学受験の時に、三点不足で不合格（当時は入試結果を教えてくれていました）。事務の人が「おしかったですね。漢字一つですね」と言われました。一年浪人して、医学部に入り、親しくなった友人に誘われて教会に行くようになり、洗礼を受け、教会員だった女性と結婚しました。現役で合格していたら私の人生は変わっていたと思います。

もう一つ、私の人生を決めた大きな経験があります。アメリカへの留学のことは、すでに書きましたが、留学生活を終え、どのようなかたちで帰国するかが大きな課題になりました。感謝なことに、大学病院と淀川キリスト教病院からお呼びがかかりました。どちらにしようか、ずいぶん迷いました。

当時、淀川キリスト教病院のブラウン院長が所用で帰米しておられました。進路について相談したいと思い、電話をし、車で五時間程度かかるアトランタへ出発しました。ところが途中で車が動かなくなり、修理に長時間かかり、先生宅に着いたのが夜中の二時でした。私はその日、外来の担当だったので、先生のお宅に滞在できるのは三十分ほどでした。先生は「お祈りしましょう」と言って、「神さま、柏木さんが御心にかなう決断をされますように」と祈ってくださいました。先生のお祈りが終わったとき、私は、淀川キリスト教病院で働かせていただこうと決断しました。事故がなかったら、別の決断をしていたかもしれません。

「すべてのことがともに働いて益となる」という聖書の言葉はなんと慰めに満ちたものでしょうか。人生には、つらいことや悲しいこと、苦しいことは必ず起こります。そのとき、「このことは、きっと益になる」と信じることができれば、どれほど心が休まることでしょう。

あと何年この世での生活ができるかわかりません。どのような死に方をするのかもわかりません。「すべてのことが働き合って益となる」との聖書の言葉を信じて日々を過ごしたいと願っています。

5　ホスピスケア

アメリカへ留学中に私は初めてＯＣＤＰ（Organized Care of Dying Patient）〈死にゆく患者への組織的ケア〉という働きに接しました。一人の末期患者のケアについて、医師、看護師、ソーシャルワーカー、薬剤師、チャプレン、ボランティアなどがチームを作って取り組んでいるのです。この働きは当時、「ホスピス」とは呼ばれていませんでしたが、まさにホスピス活動そのものでした。

ある日のＯＣＤＰに六十七歳の肝臓がんの男性患者のことが取り上げられました。余命は一か月ばかりとのこと。痛みと不安が強く、ほかに家族間の問題や教会の問題もあり、医師、看護師、ソーシャルワーカー、チャプレンたちがチームを組んでケアをしていました。

当時、一人の患者をチームで診るという「チーム医療」はとても珍しく、ましてて末期患者のチームケアの実践はまれでした。限られた余命の人のために長い時間をかけて話し合う理由が知りたくて、隣のナースに尋ねました。その答えは、「患者はこれまで、家族のため、アメリカのために、懸命に働き、死を迎えようとしています。体が痛み、うつ状態で、家族関係にも課題があります。教会の牧師との関係にも課題があります。それで、医師、ナース、ソーシャルワーカー、チャプレンがチームを組んで、それぞれの専門分野を活かしてケアすることが大切なのです」でした。このOCDPという考え方は、やがて「ホスピス」という働きとして、全世界に広がりました。

末期の患者には「全人的な痛み」（身体的な痛み、精神的な痛み、社会的な痛み、霊的な痛み）があります。

〈身体的な痛み〉

癌末期の患者は痛みのほかに、息切れ、吐き気、だるさ、便秘、痒《かゆ》さなど多くの不快な症状に悩みます。それらの症状をしっかりとコントロールすることが重要です。そのためには臨床経験が豊かな医師の介入が必要です。

〈精神的な痛み〉

末期患者はうつ状態に陥ることがしばしばあります。不安や苛立ちが強くなることもあります。ケアの中心はナースですが、チームのメンバーとして精神科医が存在することが望まれます。

〈社会的な痛み〉

家族関係の問題や仕事上の課題が患者を困らせることもあります。チームにソーシャルワーカーが存在すれば、専門的な介入ができます。

〈霊的な痛み〉

死に対する恐怖感が非常に強い場合や、人生の意味への問いがある場合などは、チャプレンの介入が助けになる場合があります。

ホスピスケアはチームケアです。現在、日本では「緩和ケア」という言葉が一般化しています。「緩和ケア」という言葉からは、痛みなどの「症状を緩和する」するという目標が色濃く出ます。「ホスピス」は症状の緩和はもちろんのこと、患者や家族の精神的、社会的ケア、さらに霊的ケアをして、平安な最期を迎えられる援助をします。

「ホスピスケア」を一言でまとめると、チームを組んで患者と家族の全人的なケアをするということです。

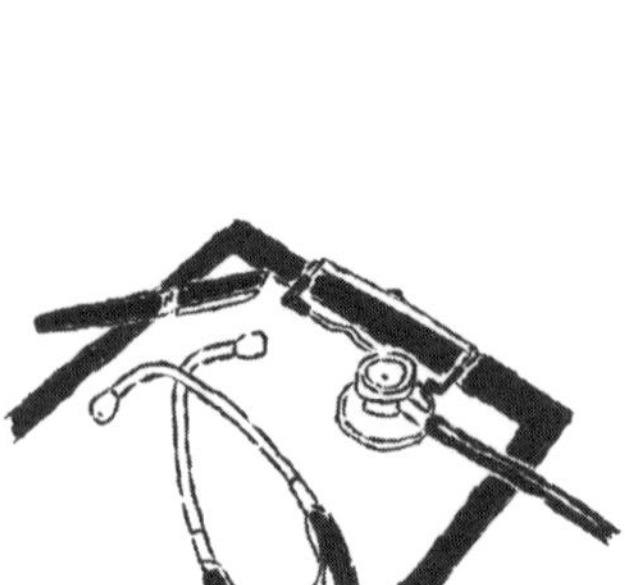

6 ねぎらいの言葉

ある病院の院長から聞いた話です。中堅の事務職員が退職の挨拶に来たそうです。院長が「なぜ、辞めるのですか?」と尋ねると、「これまでに一度も上司から、ねぎらいの言葉をかけてもらったことがないから」というのが退職の理由であるとのことでした。

私はこの話を聞いて、「ねぎらう」ことが、いかに大切かを学びました。「ねぎらってもらったことがない」ということが退職の理由になるほど大切なのです。「ご苦労さまでした」という一言の有無が、人の運命を決める場合もあるのです。

この院長の話を聞いてから、私は一つの決断をしました。「ご苦労さまでした」のあとに、もう一言付け加えることです。それまでも私は「ご苦労さまでした」という言葉は、自然に言っていました。ねぎらうことの大切さを教えられたときに、もう一言加えるのが望ましいと思ったのです。

その例をご紹介します。ある医学の学会で、「死にゆく人々のケア」という題のシンポジウムが企画されました。五人（医師、看護師、ソーシャルワーカー）のシンポジストが、それぞれの立場から講演し、それから質疑応答があり、充実した時間を持ちました。私もシンポジストの一人でした。

シンポジウムが終わってから、企画したグループの代表者が私のところに来て、「ありがとうございました」と深々と頭を下げられました。それに対して、「こちらこそ、ありがとうございました」と言い、もう一言付け加えました。「とても良かったと思います。シンポジウムはテーマの決定、シンポジストの人選、時間の配分など、ご苦労が多かったことでしょう。ありがとうございました」と。

しばらくして、この企画代表者から手紙が届きました。「テーマの決定、シンポジストの人選、時間の配分など、ご苦労が多かったことでしょう」という言葉がとてもありがたく、御礼を申し上げます、という内容でした。シンポジウム終了後の私の言葉が、もしも、「ありがとうございました」だけだったなら、きっとこうした手紙は来なかったでしょう。手紙は、私が付け加えた「もう一言」に対するものだったと思います。

「お世話になりました」や「ありがとうございました」は、全体的に感謝を示す言葉です。しかし形式的な表現でもあります。本当に感謝を表現するには、具体的に言うことが大切だと思います。繰り返しになりますが、「ありがとうございました。人選にはずいぶん苦労をされたでしょうね」とか、「お世話になりました。テーマがとても良かったですね」など、形式的なお礼の言葉に、一言具体的なコメントを付け加えることで、形式的ではない感謝の気持ちが伝わるのではないでしょうか。

7　転職のプラスとマイナス

今日、就職した職場で定年まで働き続けるのはかなり難しいことのようです。ある新聞の調査によると、約半数の人は途中で転職するとのことです。多くの人の転職の相談に乗り、転職した人と、しなかった人の話を聞くと、転職がプラスになった人と、ならなかった人の両方が存在することがわかります。

転職を考える人の共通点は職場に「やりにくさ」を感じているということです。その「やりにくさ」が職場のせいなのか、自分のせいなのかをよく分析することが大切です。職場のせいと考えている人の場合、仕事そのものの種類の場合と、人間関係の問題の場合があります。前者の場合は転職によって解決するかもしれません。後者の場合は、どんな職場にも、人間関係の問題は存在するので、転職によって解決しないこともあると考えられます。職場の人間関係に関係する三つの言葉があると思います。

1　感謝の言葉――ありがとうございます。ありがとうございました。
2　ねぎらいの言葉――ご苦労さまです。ご苦労さまでした。
3　謝罪の言葉――すみません。すみませんでした。

この三つの言葉を適切な時に、使うか使わないかで、人間関係は大きく影響を受けます。「ありがとうございました」という感謝の言葉が欲しいときに、その言葉がなかったなら、その人との関係はまずくなります。感謝の言葉をかけるべきときに、かけなかったら、やはり、その人との関係はまずくなります。

「ご苦労さまです」という言葉に関しても同じことが言えます。「ご苦労さまでした」と言ってほしかったのに、その言葉がなかったら、その人との関係はまずくなります。同様に、こちらが「ご苦労さまでした」と言わなかったら、やはり二人の関係はまずくなるでしょう。

「すみません」「すみませんでした」に関しても、全く同じことが言えます。感謝、ねぎらい、謝罪という三つのことは人間関係を決めるとても大切なことです。良い人間関係の中で日常生活を送りたいというのは万人の希望でしょう。そのためには、自らがこの三つの言葉を適切に使っているかどうかを吟味する必要があります。

転職に際しては二つの覚悟が必要です。一つは、現在の職場に残した自分の貢献によって築かれたものに別れを告げるということです。もう一つは、長い時間をかけて築いた人間関係を失うということです。新しい職場では、新しい貢献がスタートします。人間関係も新しくスタートします。

このように、転職は人生の出来事の中で、かなり重要な位置を占めます。転職をするかしないかは、慎重に判断する必要があると思います。

8　感動を与える言葉

言葉は強大な力を持っています。短い一言が人を喜ばせたり、悲しませたりします。状況によって短い言葉が大きな感動を生む場合があります。私が経験したいくつかの感動を振り返ってみると、感動を呼ぶ要素の一つとして「ずれ」があるように思います。

〈ご苦労さま〉

数年前、同居していた幼稚園年少組の孫が、近くの公園の観覧車に乗りたいと言いました。たまたま時間に余裕があったので、あまり気乗りはしなかったのですが、車で連れて行くことになりました。かなり大きい観覧車で、私自身も結構楽しむことができました。

帰りの車を玄関につけたとき、孫が「ご苦労さまでした。ありがとうございました」と言うのです。幼稚園児が、この状況下で「ご苦労さま」という言葉を使ったことに、「ずれ」を感じ、それが感動につながりました。

〈空の穴〉

発想の「ずれ」が感動につながる場合もあります。再び孫の話で恐縮ですが、観覧車のことからしばらく経った雨の夕暮れ時でした。孫を助手席に乗せて、長い赤信号待ちをしていました。空を眺めていた孫が「雨が降るのはお空に穴が空いたからかな」と言うのです。この発想にも非常に感動しました。

〈男の児、女の児〉

長女は私の留学中にアメリカのセントルイスで生まれました。そのときの主治医はドイツ出身のアメリカ人で、素晴らしいユーモアのセンスを持った人でした。当時は夫が分娩室に入る習慣はありませんでした。陣痛が始まり、私は分娩室の前の椅子で座って、出産を待っていました。主治医が分娩室から出て来て、「経過は順調です。もうすぐ出産です。男の子がいいですか？それとも女の子？」と尋ねたのです。私は「男の子が二人いるので、女の子がいいです」と言いました。主治医は「わかりました。男の子が出て来たら、お腹の中へ押し戻します」と言って、分娩室へ戻りました。そして、しばらくして、ニコニコ笑いながら出て来た主治医は、「おめでとう。押し戻す必要はありませんでした」と伝えてくれました。

〈カニの怒り〉

大昔、友人から聞いた話を鮮明に覚えています。五歳の長男を北海道の「蟹市場」へ連れて行った時のことです。子どもが「ママ、カニさんが真っ赤になって怒ってる!!」と「ゆでガニ」の山を見て、叫んだそうです。

〈聖書とユーモア〉

一般的に聖書は硬い文章で書かれていると思われています。けれども、ユーモアに富んだ柔らかい文章も存在します。たとえば、金持ちが信仰を持つことの難しさを教えた新約聖書のマタイの福音書一九章二四節には、「金持ちが神の国に入るよりは、らくだが針の穴を通るほうが易しい」とあり、大切な教えを、ユーモアをもって伝えています。

9　子どものユーモア

現在も同居している三人の孫たちが小学生の時でした。夕食時に数行の聖書の言葉を読むことを習慣にしたいと思いました。なかなか集中してくれませんでした。何か良い方法がないかと思案しているとき、ふと、「なぞなぞ」を利用するのはどうだろうかと思いました。当時小二だった次男が「なぞなぞ」に凝って、覚えた「なぞなぞ」をうるさいほど紹介してくれました。たとえば、食事に関係するものでは、「二つ食べるとお腹がいっぱいになる食べ物は?」……「パン（パン）」といった具合です。

インターネットで調べると、おびただしい数の「なぞなぞ」が見つかりました。子ども用、高齢者用などの分類もありました。私自身、もともと「言葉」に関する興味や関心が高く、いろんな「言葉遊び」が好きです。たとえば、病院で「内科医」不足で困ったときの対策の会で、「いいないかいいないかい（良い内科医、居ないかい）」と呼びかけたところ、うまく見つかったという経験もあります。

食事の前に「なぞなぞ」と聖書のみことばが対になって、子どもたちの記憶に残り、みことばだけが残っていくという期待を持ちました。その期待が達成されたかどうかはわかりませんが、少なくともこの時間、子どもたちが「なぞなぞ」と「聖書のみことば」に集中して耳を傾けていたことは確かです。

「なぞなぞ」は日本の文化の中にしっかりと根づいているように思います。やや難しい概念を説明するときに、適切な「なぞなぞ」の助けを借りると、うまくいくことがあります。「なぞなぞ」は「視点を変えさせる」役割を果たすこともできます。

有名な「なぞなぞ」ですが、「子どもが四階のアパートの窓から飛び降りましたが、怪我一つしませんでした。なぜでしょうか」。答えは、「四階の部屋の畳の上に飛び降りたから」です。

子どもがなぜ「なぞなぞ」が好きかといえば、「面白いから」からだと思います。その面白さは「ユーモアのセンス」から来ていると私は思っています。「ユーモア」は、私たちの日常生活の中でとても大切な役割を担っています。詳しく述べる紙数がありませんが、詳しくは拙著『ユーモアを生きる』（三輪書店）をご覧ください。

「なぞなぞ」は日本独特の「言葉遊び」です。子どもも大人も楽しめます。私は講演の中でときどき「なぞなぞ」を使って、「場を和ませる」ことがあります。「人間の死」について語ることが多いので、どうしても、話がかたくなるので、ときにユーモアを交えて、雰囲気を柔らかくします。ユーモアの大切さを日常生活の中で、孫たちに伝えたいと願っています。

10 愛と思いやりの表現

これまで、精神科医として、ホスピス医として、多くの患者さんとご家族に接してきました。その歴史は人の心に学ぶということでした。人の心は敏感で、他の人の言葉で傷ついたり励まされたりします。良かれと思って言った言葉が、人を傷つけたり、何気なく言った言葉が人を慰めたりします。

気をつけねばならないのは「励ます言葉」です。「頑張ってくださいね」という言葉は注意して使う必要があります。

一例をあげます。一九九五年（平成七年）の阪神淡路大震災で自宅が全壊した人の経験です。避難所で聞いた話です。切なく、やるせない気持ちで、瓦礫のあと片づけをしているとき、止まったバスの窓を開けて中年の女性が大声で「頑張ってくださいね」と言いました。その言葉に腹が立ったと、被災したその人は言ってていました。「どんな言葉をかけてもらいたかったのですか」との私の問いかけに、彼はしばらく考えて、「大変ですね……かな」と答えました。そして付け加えました。「バスから降りて、片づけを手伝ってくれたら、一番嬉しい」と。「頑張ってくださいね」とバスの窓から、励ましの言葉をかけた女性は、その言葉が腹立ちを呼んだとは、思ってもいないでしょう。

「励ます」というのは、自分は関与せず、外から人を動かそうとする言葉です。頑張ろうと思っている人に「頑張ってくださいね」と言う場合は無害です。しかし、頑張らねば……と思いながら頑張れない状況にある人に「頑張ってくださいね」と言うのは酷なことです。

頑張らねばと思いながら頑張れない「うつ病」の患者さんに「頑張ってください」と言うのは、良くありません。「頑張らないと」と思いながら、衰弱が進み、死が近づいている患者さんに、最もふさわしいのは、励ますことではなく、情をこめて、「つらいですね……」と言うことです。これが愛と思いやりの言葉なのです。

日本人は「頑張る」という言葉が好きです。「頑張ってください」、「頑張ってね」が日常生活にあふれています。その言葉を出した人は「励ますことができてよかった」と思います。しかし、励まされた人の思いは様々です。前に述べた、バスの窓からの「励ましの言葉」に腹が立つ場合もあるのです。安易な励ましが人の心を傷つけることもあるということを知っておくことが大切です。

人々が共通して持っている希望は「気持ちをわかってほしい」ということです。つらさ、苦しさ、やるせなさ、悲しさなどを表現する言葉を、情をこめて、心から返していくことが求められるのです。具体的に言えば、「それって、つらいですよね」、「その体験は悲しいですね」というような言葉かけを心がけるということです。

11　平安を与える神

「老い」を自覚するようになってから、これまで以上に、漢字に興味を持つようになりました。一つの漢字の裏側に存在するものに目をやると、新しい世界が広がることがあります。その世界が自分の専門分野の広がりや深まりに関係する場合があります。

一つの例ですが、「安」という字から、どんな言葉が思い浮かぶでしょうか。私は、安全、安心、平安という三つの言葉を思い浮かべました。次に、それぞれの前にどんな言葉を持ってくるのが自然だろうかと考えました。結果は、「体（からだ）の安全」、「心（こころ）の安心」、「魂（たましい）の平安」です。難しい表現にすると、「身体」、「精神」、「霊魂」となります。日常生活で使われる頻度は、「安心」、「安全」、「平安」の順でしょうか。「身体の安全」、「精神の安心」、「霊魂の平安」です。

ホスピスという臨床の現場で、多くの患者さんをケアしましたが、体の痛みがつらい人、うつ気分に悩む人、家族関係に問題のある人、たましいが痛む人など、苦しみは実に多様です。その多様な苦しみに対応するには、多様な専門性を持ったスタッフが協力してケアに当たるチームが欠かせません。主に身体的苦痛に対処する医師、精神的な苦しみにはナース、社会的な問題の場合はソーシャルワーカー、たましいの痛みにはチャプレンの助けが必要となります。

たましいに平安を持っておられる患者さんの看取りは実に感動的です。Mさんは八十三歳の女性。肺癌の末期状態で、ホスピスに入院されました。胸の痛みと「息苦しさ」がつらいと言われました。レントゲンを撮ってみると、両肺とも「真っ白」に近い状態でした。呼吸音も弱く、死が近いと思われました。鎮痛剤とステロイドの投与で、数日後、痛みと「息苦しさ」がかなり改善しました。彼女はクリスチャンでした。入院後一週間ほどのある日の午後の回診のときに、Mさんは穏やかに言われました。

「先生、おかげさまでずいぶん楽になりました。痛みも息苦しさも、ほとんど気になりません。でも、ずいぶん弱りました。もうすぐ、神さまのところへ行くと思います。私、先に行きますから、先生も来てくださいね。」

私は正直ドキ!! としましたが、やっと「はい、私もやがて行きますからね」と答えました。

次の日、Mさんの呼吸が浅く、不規則になりました。呼吸音も弱くなり、死が近いと思いました。クリスチャンの娘さんがベッドのそばの椅子に座り、Mさんの手を握っていました。Mさんは、小さな声で、しかしはっきりと「行ってくるね」と言われました。娘さんは「行ってらっしゃい」と答えました。Mさんはその日の夕方、静かに神さまのもとへ旅立たれました。

旅立つ人も、見送る人も、行き先がはっきりしていました。Mさんは、まるで隣の部屋へ行くように、「行ってくるね」と言って、旅立たれました。

それは感動的な旅立ちでした。

12　背負う神

東日本大震災から十二年の年月が経ちました。震災で家族を亡くした人々の心のケアをしている人から聞いた話です。

津波が押し寄せるなか、母親が四歳の娘さんを抱きかかえて避難所に向かっていましたが、水かさが増し、娘さんの口元を過ぎました。避難所に着いたときには、娘さんは亡くなっていました。「娘を抱かずに背負っていたら助かったかもしれない」と母親は悔やみました。「抱く」と「背負う」では口の位置が異なります。背負うほうが口の位置は上になります。親戚や友人の世話になりながら被災者用の集合住宅に落ち着いたクリスチャンであるその方は、「つらく、悲しいことがたくさんありましたが、神さまは私を背負ってここまで運んでくださいました」と言ったそうです。

私はこの話を聞いたとき、旧約聖書のイザヤ書四六章四節のみことばを思い出しました。

「あなたがたが白髪になっても、
わたしは背負う。
わたしはそうしてきたのだ。
わたしは運ぶ。
背負って救い出す。」

神さまは悲しくつらい状況の彼女を背負って、救い出されました。つらく悲しい状況にあるとき、真剣に祈れば、神さまが背負って救い出してくださる存在であることは、多くのクリスチャンが経験していることです。本書の締めくくりとして、多くの方がご存じの「あしあと」（マーガレット・F・パワーズ作）を紹介します。

ある夜、わたしは夢を見た。

わたしは、主とともに、なぎさを歩いていた。
暗い夜空に、これまでのわたしの人生が映し出された。
どの光景にも、砂の上にふたりのあしあとが残されていた。
ひとつはわたしのあしあと、もう一つは主のあしあとであった。
これまでの人生の最後の光景が映し出されたとき、
わたしは、砂の上のあしあとに目を留めた。
そこには一つのあしあとしかなかった。
わたしの人生でいちばんつらく、悲しい時だった。
このことがいつもわたしの心を乱していたので、
わたしはその悩みについて主にお尋ねした。
「主よ。わたしがあなたに従うと決心したとき、
あなたは、すべての道において、わたしとともに歩み、
わたしと語り合ってくださると約束されました。
それなのに、わたしの人生のいちばんつらい時、

郵便はがき

恐縮ですが
切手を
おはりください

164-0001

東京都中野区中野 2-1-5

いのちのことば社

出版部行

ホームページアドレス　https://www.wlpm.or.jp/

お名前	フリガナ	性別	年齢	ご職業
ご住所	〒	Tel.　　　　(　　　　)		
所属(教団)教会名		牧師　伝道師　役員 神学生　CS教師　信徒　求道中 その他 該当の欄を○で囲んで下さい。		

WEBで簡単「愛読者フォーム」はこちらから!

https://www.wlpm.or.jp/pub/rd

簡単な入力で書籍へのご感想を投稿いただけます。

新刊・イベント情報を受け取れる、メールマガジンのご登録もしていただけます!

ご記入いただきました情報は、貴重なご意見として、主に今後の出版計画の参考にさせていただきます。その他、「いのちのことば社個人情報保護方針(https://www.wlpm.or.jp/about/privacy_p/)」に基づく範囲内で、各案内の発送などに利用させていただくことがあります。

いのちのことば社＊愛読者カード

本書をお買い上げいただき、ありがとうございました。
今後の出版企画の参考にさせていただきますので、
お手数ですが、ご記入の上、ご投函をお願いいたします。

書名	

お買い上げの書店名

町
市　　　　書店

この本を何でお知りになりましたか。

1. 広告　いのちのことば、百万人の福音、クリスチャン新聞、成長、マナ、
信徒の友、キリスト新聞、その他（　　　　　　　　　　）
2. 書店で見て　3. 小社ホームページを見て　4. SNS（　　　　　　）
5. 図書目録、パンフレットを見て　6. 人にすすめられて
7. 書評を見て（　　　　　　　　　）　8. プレゼントされた
9. その他（　　　　　　　　　　）

この本についてのご感想。今後の小社出版物についてのご希望。

◆小社ホームページ、各種広告媒体などでご意見を匿名にて掲載させていただく場合がございます。

◆愛読者カードをお送り下さったことは（　ある　初めて　）
ご協力を感謝いたします。

出版情報誌　月刊「いのちのことば」定価88円（本体80円+10%）

キリスト教会のホットな話題を提供！（特集）
いち早く書籍の情報をお届けします！（新刊案内・書評など）

□見本誌希望　□購読希望

ひとりのあしあとしかなかったのです。
いちばんあなたを必要としたときに、
あなたが、なぜ、わたしを捨てられたのか、
わたしにはわかりません。」
主は、ささやかれた。
「わたしの大切な子よ。
わたしは、あなたを愛している。あなたを決して捨てたりはしない。
ましてや、苦しみや試みの時に。
あしあとがひとつだったとき、
わたしはあなたを背負って歩いていた。」

（松代恵美訳、太平洋放送協会）

II

対談

真の幸せとは何か

柏木哲夫・笹子三津留

真の幸せとは何か

対談者　柏木哲夫
×
笹子三津留（淀川キリスト教病院理事長）

〔二〇二四年一月二十三日、淀川キリスト教病院会議室にて〕

――きょうは、この病院の元理事長と現理事長の対談という珍しい企画ですので、医療に関することが多く話題になると思いますが、まず、柏木先生のお書きになった「幸せのかたち」（本書前半）を読んだ感想について、もしも質問があればそれも含めて、笹子先生にお話しいただき、そのあと、自由に語り合っていただきたいと思います。

入信と受洗

笹子 はい、よろしくお願いします。これを読んで、いくつかのことをお尋ねしたいと思いました。最初に柏木先生が教会に行くようになってから五年して、洗礼を受けられたと書いておられますが、洗礼を受ける何かきっかけがあったのでしょうか。

柏木 そうですね。教会へ行き始めてから洗礼を受けるまで結局五年もかかってしまいました。大学ではＥＳＳという英語クラブがあって、そこに入りましたが、そのクラブの中に非常に熱心なクリスチャンがいて、「柏木、教会に行こうよ」と、会うたびに言ってくるのです。それで、少し義理立てしないといけないかなと思いました。実は当時、大学の医学部へ入学した直後で、ある意味、解放感もあったのですが、同時に精神的空虚感があり、心に満たされないものを感じていました。それで割と抵抗少なく教会へ行きました。そして感じたことは、何かこの世の中と雰囲気が異なった別世界のような感じがして、興味が湧いたというのが、教会へ通うようになった大きな要因です。非常におこがましいことですが、その別世界を探ってみたいという思いもあったことは確かです。

具体的に言うと、教会で迎えてくださった年配の女性の笑顔が、何とも言えない、今まで見たことのないものでした。こんなに素晴らしい顔をされるのは、何か特別なものがあるからだろう、そんな気持ちをもちました。そして、アメリカ人の宣教師が、たどたどしい日本語ではあっても一生懸命、イエス・キリストの福音について話しておられて、この人がこんなに熱心に話をするキリスト教というものは何なのだろうかと興味をもったのです。あの年配の女性の笑顔と、たどたどしい日本語メッセージとが一緒になって、引き続き教会へ通うことになったというわけです。
そして五年の間にその宣教師と宣教師夫人から個人的な導きをいただき、罪の問題、十字架での救いの成就、人間のもつ自己中心性、神を神とせず自分勝手な生き方をする自分の姿を示され、洗礼を受けようと決断し、生活の中心にキリスト教を据えたいと思いました。それが自分の人生にとって大きなプラスになるとも思ったのです。そして教会に通い、イエス・キリストを私の救い主と信じるようになり、自分はクリスチャンであると宣言する、その大きな区切りとして、洗礼を受けたいと思ったのです。

笹子　私の教会にも、もう五年以上来ていて、信仰告白もしているのに、洗礼を受ける気持ちにならないという方がおられます。教会に通い続けていても、洗礼というステップに踏み出そうとしない人たちは確かにおられます。洗礼に踏み出そうとする時、そこには、やはり聖霊の働きがあるように思います。それは私たちの人間の努力や働きというものではありませんね。

柏木 そのとおりだと思います。イエスさまによる救いや洗礼への導かれ方、聖霊の働き方は、実に人それぞれだと感じます。私の場合、聖霊の働き方をコップに注がれる水にたとえると、コップに水が少しずつ注がれていき、だんだん水面が上がってきて、コップの水が表面張力で盛り上がっているところへ、最後に、特別集会で説教者の救いの福音の言葉がポンと来て、表面張力が打ち破られて、水がサーとこぼれ、救い主を受け入れたという感じでした。それは大阪の中之島公会堂で開かれた伝道集会で起こりました。一九六四年、二十五歳の時でした。

笹子 それで洗礼を受けようと決心されたわけですね。イエスさまによる救いには、非常にバラエティーがあり個別性がある、と私も思います。先生は教会へ行くのをきっかけにして、聖書を読み始めたということですが、五年間で聖書全体を通読されたのですか。

柏木 はい。旧約聖書を通読するのはなかなか大変でしたが、新約聖書は毎日読もうと決断して、実行しました。少し受験勉強的なところがありましたが、なんとか続けることができました。

精神医学をアメリカで学ぼうと思った動機

笹子　先生のお書きになった中で、大学卒業時に精神科を選ばれたとあります。また、アメリカで勉強したいと思うようになった、と。私の専門とする外科の世界では、道具があって、技術があって、手術をする対象である身体があって、率直に言えば、言葉は要らないのです。ところが、精神科では、言葉と精神は切り離せない世界と言うことができると思います。それを日本語ではなく英語の世界で学ぶということは、非常に敷居の高いことではないかと、外科医の私からは見えるのです。そのように感じられたことはなかったでしょうか。

柏木　そのことをあまり分析したことはありませんが、精神医学はその国の文化や国民性また価値観と深く関わっている分野だと思います。英語が好きだったこともありますが、医学の分野では当時はドイツ語が主流の時代に、英語で精神医学を学べることに興味をもったのは確かです。それに、私はなぜか非常に英語が好きだったのです。大学のESSで毎日昼休みは英語で会話をするのですが、そこにとても魅力を感じ、楽しい時を過ごしました。俗に言えば、何かちょっと格好良い感じがしたのですね。そこで一人の女性と出会いました。そして私が行った教会のメンバーにその女性がいて、それが家内です。そのことが偶然か、神さまの導きかどうかはわかりませんが……。

笹子　精神科は人間の心を扱う医療ですが、心理や心の状態を表す言葉、単語は日本語でもいろいろあって、単語によって少しずつニュアンスが違うわけです。それを英語で学ぶとなれば、日本とは異なる文化背景も理解しなければならないでしょう。言葉のもっているニュアンスや重み、その感覚を理解するのはとても難しいのではないかと思うのです。

柏木 私もフランスでは一年の留学、オランダでは半年の教授としての滞在を経験していますが、両国では文化がまったく違うのです。仕事をしているときの感覚も、その二つの国でまったく違います。健康や幸せという感覚も違うのです。精神科を専門とすれば、その国の文化を理解しないと困難ですよね。それだから、先生にとって大きな勇気が要ったのではないかと思ったのです。

笹子 私はその時それほど深淵な考えをもって留学を決めたわけではなく、英語で精神科の勉強ができたら面白いだろうなという感じです。先生の言われる大決断というほどのものではなく、単純に面白いだろうから、少し体験してみようと、わりあい軽い気持ちでした。

柏木 精神医学を深めるということもあるでしょうが、それよりも言葉に対する興味があったと言えるかもしれませんね。

先生に言われて、今初めてそのことについて気づいた感じです。日本の精神医学とアメリカの精神医学がどう違うのかということを見たいという思いも根底にあったのは確かですが、先生が指摘してくださったように、言葉に対する関心も大きかったと思いますね。

笹子　先ほど先生が「アメリカで精神科医療をやったら面白そうだな」と言われましたが、それは医学に対する興味よりも言葉に対する興味のほうが強かったのかなあと感じました。

柏木　それはそうかもしれません。今にいたるまで私は、言葉に対する興味もあって、渡米を決めたと思ったことがありませんでした。無意識のうちにそうなっていたのかもしれません。ただ、当時、日本の精神医学は未発達の面がありましたので、米国の精神医学を学びたいという基本的な願望があったとは思います。

職場の選択について

笹子　お書きになったところによりますと、先生がアメリカへ行って、日本に戻って来るとき、これからどうするかというときに、二つ誘いがあったと記されています。その際にブラウン先生にお祈りしてもらい、最終的に淀川キリスト教病院へ行くことになられたのですね。戻ったときに、どんな感じをおもちになりましたか。これで良かったという思いや、家に帰って来たという思い、いやあ、しくじったなあという思いなど、どうでしょうか。

柏木　わが家に帰って来たという感じでした。ここが帰るべきところなのだと思いました。幸いなことに、しくじった、失敗だったなあという思いはまったくありませんでした。

実は決めるときに、大阪大学病院と淀川キリスト教病院を比較した表を作って、「給料」「世間体」「研究の可能性」などを比較

したのですが、この世的にはいずれも大学のほうが良かったのです。そして最後に、これは自分でもまったく意識していませんでしたが、「神さまのみこころ」という項目を書いてしまったのです。そして、クリスチャンとしては、やはり淀川キリスト教病院ではないのかという思いが湧き上がってきたのです。当時米国に一時帰国中のブラウン先生に相談して、先生のお祈りも決断に大きく働いたことは確かです。

「すべてのことがともに働いて益となる」

笹子　神さまのみこころに従ったということですね。先生が文章の中で、神さまを信じる者には最終的に「すべてのことがともに働いて益となる」（ローマ人への手紙八章二八節）という聖書の言葉を引用しておられます。現実として、大きな不幸なことや嫌なことが起きたことがきっかけでイエス・キリストの救いにあずかる人が

けっこうの頻度であると思います。私もどちらかといえば、そういうパターンでした。妻の死産が、私が信仰をもつきっかけとなりました。その子は人間として誕生することはありませんでした。けれども、その子が私たちに、教会へ行かなければいけないという思いを与えてくれたのです。私たちはその時点ではクリスチャンではありませんでした。私の祖父母はとても熱心なクリスチャンでした。それから妻の母親がクリスチャンでした。そのこともあって、その子の供養の話になったときに、お寺へ行こうという思いにはまったくなりませんでした。そして、教会へ行こうということになり、通うようになりました。その子は人間としてこの世に生まれてはきませんでしたが、その子にも神さまは大切な使命を与えておられました。私たちを教会へ導くという使命です。神さまはそうした

柏木　目的をもってその子を造られたのだと思います。

笹子　そうでしたか。初めて先生のおつらい経験を聞かせていただき、そのことをきっかけに先生ご夫妻が教会へ導かれたということですね。

柏木　クリスチャンになった私が洗礼を受けたのは六十五歳でした。ですから、自分が罪人であることはとてもよくわかっていました。今の教会に行き始めてから、半年して洗礼を受けたのです。先ほどそういうパターンの人もいると先生が言われましたが、それが私ですね。

笹子　なるほど。短い求道生活と六十五歳という年齢での信仰告白に神さまのお働きがあったことは感動です。

備えられた道

柏木　それから、先生はホスピスを長くやられて、大阪大学へ行き、人間科学部の教授となられました。ホスピスをライフワークにしようと思っておられたと思うのですが、そこを離れることに抵抗や葛藤、悩みはなかったのでしょうか。

柏木　それは私にとっても大きな課題であったというか葛藤でした。実は、最終的には私はホスピスでの臨床の働きをやめていないのです。両方の道を選んだのです。大学から人間科学部教授の話があった当時、大阪大学では老年学の研究が続けられていました。そんな中で、老いと死という領域を開拓すべきではないかということが教授会で話し合われたそうです。老いだけでなく、老いと死だと。この両者を一緒に深めるという講座が当時の日本のどこにもありませんでした。国立大学の一つとして、そうしたユニークさを発揮したい、新しい学科―臨床老年行動学を作って、進めようということで、話が私のところに来たというわけです。ぜひ

協力をしてほしい、と。ですが私は最初それをきっぱりとお断りしたのです。とてもありがたいお話ですが、自分は淀川キリスト教病院のホスピスで臨床をすることに使命を感じて、一生懸命やっている最中でしたので、そこを離れるという気持ちはまったくなかったのです。その申し出をされた先生は、「それは残念です」と言ってお帰りになり、もうそうした話があったことも忘れかけていた三、四か月後に、もう一度その大学の方が来て、「その後、柏木先生以外にこれを実現してくれる人がいないかと探したのですが、どうしても見つかりませんでした。それで、臨床を続けていただいてけっこうですから、大学へ来ていただけないでしょうか」と言われるのです。「病院での臨床を続けながら、大学で教授職を行う、そんなことがはたしてできるのでしょうか」と答えたところ、「いや、できるようにしたいと思います」と言われました。そして、「臨床の場に学生を参加させることを授業の一環とみなすのです」と。

私はすっかり感心しました。そして考えているうちにこのことは神さまの導きのようにも感じました。一緒に患者さんを回診するのが一番の学びになるというわけです。学生は私と患者さんとの会話を聴き、そのあとにもたれるカンファレンスに加わる。そのような形で臨床実習をし、それから私が何回かの講義をする。私はこのプログラムにとても興味深さを感じました。

私はすぐに当時の院長の白方先生に、その話をしました。すると院長はその場で、「いいですね。先生、行ってください。病院のためにもなります。私が責任をとります」と、それこそ何のためらいもなく答えられました。「それはちょっと困りますね」と言ってくれたほうがこちらの心も落ち着くのですが、かえって背中を押されてしまい、私はそのとき「本当にいいんですか」と思ったのが正直なところです。

そのようにして講座をスタートさせました。学生さんにホスピスへ来てもらって臨床の場に参加してもらい、私が大学で講義するという両方の道を目指したわけです。

笹子 先生が「感動を与える言葉」という章で、「ねぎらいの言葉」の大切さを書いておられるところで、転職することについて述べておられます。転職するということは、ある意味で、自分の築いてきたものや貢献したものに別れを告げるということです。そういうことが先生にもあったのだろうと思い、お聞きしました。先生ご自身は転職されたわけではないのですね。

柏木 そういう点では私の場合、別れを告げたわけではないのです。大学の「死生学」という一つの分野で、ホスピスでの臨床の場とアカデミックな学びを合体させるというユニークな体験でした。

笹子 なるほど。私は去年の七月に理事長になりましたが、先生もご存じのとおり、理事長職は会議がけっこうたくさんあって、外科手術との両立はもうとても難しくなりました。病院の幹部から手術はやめてくださいと言われました。もちろん、手術はいつまでもできるわけではないのですが、そのときにそれこそ自分が築いてきたものに別れを告げたわけです。ＮＨＫの「プロフェッショナル 仕事の流儀」などに出していただき、自分が胃がんの世界で行ってきたこと、手術の技術を極めるという職人みたいなところもありますが、そうしたことに別れを告げて手放すのは、非常に大きな決断でした。

それで祈りました。そしてやはり、いつまでも自分の手に握っていてはいけないと思うようになりました。モーセも教えていますが、自分が何かを誇っているから、それをもっていたくなるのだ、と。自分の存在意味を自分に求めるから、その自分が築いたものにこだわってしまう。そこは神さまにゆだねて、それがなくても、自分は生きていく意味があると考え、神さまに従っていくという決断でした。

それでも、最後の手術を行ったあとは、終わったという安堵感とともに、何とも言えない寂しさがありました。ひとりで涙するような寂しさでした。

柏木 先生の場合、それは大変な決断だったと思います。外科手術の大家である先生がメスを取り上げられ、理事長として病院経営という立場に立つことになられたのですから。

笹子 先生はそうならなくてよかった。

柏木 いや、私はある意味でずるい男なのかもしれませんね。

ユーモアとなぞなぞ

笹子 言葉の話に戻りますが、先生はユーモアについてもいろいろ書いておられますね。確かにユーモアはとても大切だと思います。ブラックユーモアというものもありますが、基本的にはやはり相手に対する愛情ですよね。

柏木　ユーモアを愛と思いやりの表現と言われたのは上智大学の故アルフォンス・デーケン先生です。

笹子　ユーモアは本当に大切だと思います。文章の中で「なぞなぞ」が日本独特の「言葉遊び」とありました。実はフランスにも「なぞなぞ」がたくさんあるのです。

柏木　それは知りませんでした。

笹子　フランス人も言葉を大事にする国民で、「なぞなぞ」もいろいろあります。似たような発音で、違う意味になるものも。

柏木　それこそ日本語と同じようなアイディアで作っているのですね。子どもたちもそれを楽しんでいるという点でも日本と共通しているわけですか。

笹子　そうです。子どもたちも楽しむのです。そうした「なぞなぞ」はフランスにもあるなあ、と思ったわけです。

柏木　私はわが家の家庭礼拝で聖書のみことばを読む前に、孫たちに集中してもらうためになぞなぞを用意していたのです。私は勝手にそう思って書きましたが、それならフランス以外にもあるかもしれませんね。

多くの人がもつスピリチュアルペイン

笹子　そうですね。話は変わりますが、先生が「ホスピスケア」について、章を設けて書いておられますね。留学中に初めてOrganized Care of Dying Patient（ＯＣＤＰ）と出合って、そこからいろんなことを学んで、そのあと、「ホスピス」のこと、死を前にした人たちの研究を進めていき、「身体的な痛み」「精神的な痛み」「社会的な痛み」「霊的な痛み」という「全人的な痛み」があるということを書いておられます。ＷＨＯ（世界保健機関）がその四つの痛みの中に「霊的な痛み」（スピリチュアルペイン）を入れて、それをケアするスピリチュアルケアの必要を述べています。もちろん、一番の痛みは「死ぬこと」であると思いますが、実はスピリチュアルペインは、けっこういろいろな人がもっているのではないでしょうか。末期の患者さんだけでなく、いろんな病気を抱えている人、大怪我をした人にも言えると思うのです。そして、そうしたスピリチュアルペインをもっている人たちの中には、自死に至る場合もあります。自分の存在意味や生きている意味が見いだせなくなって自死するのです。

それで理事長になるにあたって、病院のスタッフに、エンド・オヴ・ライフ（終末期）のケアだけでなく、他の患者さんのスピリチュアルケアも必要であることを意識するよう伝えていこうと思いました。それこそ、全人医療を行うこの病院の使命だと信じています。実はそれは、ここの病院だけの話ではないはずです。ある意味ですべての患者さんがスピリチュアルペインをもっているわけですから、医療者はそういう意識をもち、訓練を受けなければいけません。そして、そのことを日本中あるいは世界中に広げていかなければいけないと思うのです。

アメリカなどには、病院にチャプレンがいます。スピリチュアルペインが終末期にとどまらないということが認識されているからです。病院のいろいろな部署の人たちがそのところに目を向けるということです。

柏木 すべての医療活動における本当の意味での全人医療ですね。実は一年前まで日本スピリチュアルケア学会の働きに参加していましたが、そこでは医療のみならず人間の営みの多くの分野でのスピリチュアルケアの必要を研究していました。

医療者に求められるスピリチュアルケア

笹子 私もそうしていかなければいけないと思っています。ただ、看護師さんたちは比較的そのことをよく理解し、受け入れてくれるのですが、それに比べて医師のほうに困難を覚えています。

柏木　私もその点では苦労しましたから、先生の言われることはよくわかります。自分も含めてなのですが、医師はある意味で難儀な存在ですね。医師免許をもっているということで、ほかの人には決してできないことをするわけです。たとえば、事務職には特に免許が要らないわけですが、胃の手術をするのに医師免許をもっていなければできないのですから。そこで、一つの特権意識的なものをもってしまいます。そうした職種であることを認識しておく必要がありますね。そういう構造になっていることに気をつけないといけないと思える医師があまり多くないように感じます。

笹子　医師はそうした職種なのですね。若いうちはまだいいのですが、キャリアを十年とか積むと、教わり下手になることがあります。私たち医師が一番教わるのは患者さんからなのですが、それも忘れてしまいます。

ですから、若い医師たちには、自分は川のこっち側の安全なところにいて、患者さんは川の向こう側にいる、自分は健康で、病気を治す側、患者さんはただ一方的に治してもらう側と思っていたら、それは間違いであると伝えなければならないと思います。私たちも年をとり、老いていけば、いろいろな能力を失っていく、私自身そのことを日々経験するわけで、若い医師たちはなかなかそれがわからないのですが、それでも伝えなければいけない、と。

若くても、突然何かの病気になることがもちろんあります。怪我をすることもあります。私が国立がんセンターにいたときに、卒業して五年目くらいの医師が通勤途中にトラックにひかれて、大怪我を負いました。胸椎骨折で胸髄の十番目以降が完全断裂してしまい、車椅子生活を余儀なくされました。彼は外科医でした。今は車椅子に座ってロボットを使う手術が行われるようになりましたが、その当時は、その瞬間に外科医を諦めなければいけませんでした。まだ新婚で、お連れ

合いがとてもよく支えてくれたため、彼も投げやりになって、とんでもない状況に陥らずにすみました。性機能を失い、立つこともできず、自分が積んできた外科のキャリアをなくすということなって、普通だったら、本当に絶望的なところに行ってしまうだろうと思います。でも、こうしたことは、だれにでも起こりうるわけですよね。ですから、自分はこちら側で、患者さんはあちら側という発想をもっているかぎり、本当に良い医者になれませんよと伝えているのです。本当にそういうことが起こるのですから。

人工透析を受けなければいけなくなった

人、一生この薬を飲まなければいけない人、いろんな状況の中でそういうスピリチュアルペインをもっている人たちがいます。要するに、自分の描いたものを自分の人生そのものに直結する何かしらの夢を手放さなければいけない、そうした喪失の痛みの最大のものが命ですが、それがスピリチュアルペインであると私は理解しています。

そうしたことは実際に様々な状況の中で起こります。それを私たちがケアしきれるものではありませんが、少しでも理解して、患者さんに教えてもらいながら、やっていきたいと思うのです。

現在、多くの病院が「全人医療」という言葉を使うようになりましたが、そこで最終的にそのたましい、存在そのもの、存在意義そのものを救ってくださるのはやはりキリストしかいないと私は思っています。身体が癒され、心に平安が与えられ、たましいが救われる。その救いの意味が、まだストレートに語られずに、癒しのレベルにまでしか話がいっていないようです。たましいの救いは一回で十分です。ただ癒されるだけならば、病が悪化すると、たましいは再び癒しを必要とする状態となります。決して再発しないたましいの疼《うず》きは、たましいの救いによらずしては得られません。ですから、そういうことがわかる人が医療者、職員の中にもっと増えていってほしいと思うのです。

柏木　そうですね。淀川キリスト教病院こそ、このことが実践される病院であってほしいものですね。

高くなった離職率について

笹子　先生が再就職のことについて書いておられますが、離職率が世の中全体でとても高くなりました。昔の日本、昭和時代は生涯一つのところへ勤めるのが普通でしたね。現代の人たちは、少しでも条件の良い職場を探してポンポン移っていくようになっている気がします。テレビを見ていても、転職を斡旋する会社のコマーシャルがたくさんあるのに気づきます。そういう時代ですから仕方がないとは思う一方で、その人たちはそのように職場を移ることによって、本当に幸せになれるとどこまで考えているのかと感じたりします。もしもお金を求めての転職であったなら、おそらく永遠に幸せになれないだろうと私は思っています。理由はいろいろとあるのでしょうが、残念ながら、この病院でも相当数の離職者が出ます。看護師さんだけでなくて薬剤師さんも、それから頻度は低いかもしれませんが、事務の人とかも。

コロナ禍で大学生活を送った人たちは、人と実際に関わることが少ない状況の中、インターネットなどで自分の好きなものだけを選べばよかったわけで、不得意なこと、あまり好感がもてない人、自分と肌が合わないタイプの人とは接しなくてよかったのです。けれども多くの場合、仕事をする状況ではそうはいきません。コロナ禍での学生時代を過ごした人たちは、それなりの訓練を受ける機会が十分に与えられず、そのことが離職率を高めているという可能性もあるのではないかと危惧しています。

柏木　その傾向は、職種のいかんに関わらず、あらゆる職場に及んでいるかもしれませんね。

笹子　けれども、人と関わる状況が少ない傾向がこのまま強くなっていくことには、恐ろしさも感じています。地域社会がどうなっていくのか、と。都会でも隣にだれが住んでいるかを知らないということになり、それがどんどん広がっていくと、生きていくのがしんどい社会になっていくのではないかなという感じはしますね。

柏木　私自身もそのことはとても感じますね。すでに日本社会全体の傾向になっているかもしれませんね。

職場に求められるもの

笹子　結局のところ、職場において本当の思いやりや愛を体験することしかないのかなと思ったりします。

私は雰囲気――その場を構成している人々が総合的に醸し出す状態――というものが何か決め手になるような気がしています。先にもお話ししましたが、教会へ初めて行ったときに出会ったご高齢の女性の笑顔、宣教師のたどたどしい日本語のメッセージ、集会が終わってからの一人の方の応対の仕方、あの雰囲気が全身に訴えてくるのですね。

柏木　病院の場合も、診察を受けるときに、スタッフの顔つきや雰囲気で、とても印象が異なりますね。実際に、本当に冷たいと感じる病院もあります。ありがたいことに、淀川キリスト教病院はあまり冷たい感じではない気がします。非常に温かいという感じもないかもしれませんが、温かい人が集まっている職場だという感じはありますね。良い雰囲気を作るのは何かといえば、やはりそこで働いている人たちの心であり、皆が温かい心で支え合っているかどうかで決まるわけですね。

この病院が当初から目指している「全人医療」という基本的な考え方

が、職員の一人ひとりに少しずつでも伝わっていき、それが実になって、その人の言葉遣いや行動、表情、声の調子、歩き方など、すべての動きから温かい雰囲気を生むような病院になっていけばいいなと思います。

笹子　そうですね。キリストの香りを放つということですね。そういうクリスチャンの職員が周りに影響を与え、クリスチャンでない人も、それを見て感じ取り、同じような形で周囲と接する。職員お互いもそうなって、患者さんに対する接し方に反映する。それを押しつけていくのではなくて、自然に伝わっていければいいと思います。

けれども、現代はタイム・パフォーマンス、コスト・パフォーマンスの時代でもあり、ゆっくり丁寧にということがなかなかしにくいということがあります。そうしたなかで、事務的な処理みたいな形になると、どうしても殺伐として、温かい雰囲気にはなりませんね。だからそういうものにどう抗うのかということなのだと思います。

看護師さんたちをどんなに多く採用しても、年に何十人も辞めてしまうと、やはりどんどん窮屈になって、余裕がなくなってしまいますね。といっても、財政の問題もありますから、あらかじめ定員より多く採用するにも限度がありますね。

社会と生活環境の変化

柏木 離職者が多いのは何も病院だけではなくて、いろんな職場でそうなのですが、忍耐力ということも、もしかして関係しているかもしれないとも思ったりします。忍耐力が落ちていることが現在の社会現象みたいに言われることもありますが、どうでしょうか。

笹子 子どもが一人とか二人とかいう状況と、子どもがたくさんいた状況では、成長過程での忍耐力、そういう人間力の鍛えられ方がひょっとして違うのかなと感じます。

柏木 なるほど。そうした環境的要因もあるのかもしれませんね。若い人たちが直面している生活環境は、現代では以前と比較にならないほど大きく変化しています。ＩＴ時代が象徴するスマートフォンが若い人たちの生活を大きく変えているように思います。

笹子 中国がひとりっ子政策をとっていた時代の人たちと、兄弟姉妹が六人も七人もいたその親の世代の人たちとでは、雰囲気が違うようですね。ひとりっ子政策の時代の中国人は自分中心であると言われています。何でも自分の損得で考えてしまう。だから高齢の中国人たちとはだいぶ雰囲気が違うというのです。

柏木 そうした乖離があるというわけですね。中国のひとりっ子政策が実施されて四十年になるようですが、最近メディアでもしばしば取り上げられ、急速な高齢化国家になりつつある中国の課題でもありますね。

幸せのかたち——働く喜びを味わうということ

笹子 はい。そのような影響が若干はあるのかなと感じます。日本でも同様ではないかという気がします。それで、良しとされるもの、目指されるものが、コスト・パフォーマンス、タイム・パフォーマンスの延長上に、その人その人の幸せみたいなものが乗っかってきているように感じます。たくさんできるから幸せみたいな。でも、私はそうではないと思うのです。だから、味わう幸せというものを見失う時代でもあるのかなと感じます。

映画の短縮版が著作権の問題でメディアに取り上げられたことがありました。あれなどは、三時間、二時間の映画を二十分ぐらいに短くして、筋もわかって、見た感じになるわけです。でも、その作品を味わっているのかといえば、私にとってはそれは疑問です。スポーツも三時間の試合を、ニュースのダイジェスト版で五分見て、結果もわかる。でも、スポーツの醍醐味は味わえないのです。味わうということの喜びを見失うことは、仕事にも言えるように思います。成果だけで自分の仕事の良し悪しを量るのではなくて、仕事を味わう喜びということです。これを失ったら、奴隷と一緒になってしまうように思います。映画社会全体が実際にタイム・パフォーマンス偏重になっています。映画を何本観たかが勝負などというのは本当は意味がないでしょう。しっかりと味わえていないからです。これについて反論する人もいるでしょう。でも、タイム・パフォーマンス、コスト・パフォーマンスの人生は、食事で「身体に必要な栄養とカロリーが全部このコップ一杯の中に入っていますから、さあ飲んでください」と言われて満足しているような人生ではないか、美味しいものを食べるほうが楽しいのではありませんか、と言ったら、皆さんにわかってもらえるように思います。

柏木　特に医療者がそういうことを忘れてしまったら、本当につらいだけの仕事になってしまいます。

連載を頼まれたときに「幸せのかたち」という抽象的な題をつけましたが、「幸せ」というのは非常に抽象的で、かつ広がりのあるものです。ただ、自分でも「幸せのかたち」とはいったいどういうものなのかということを考えられたらと思いました。とはいっても、なかなか難しくて、そのときどきに思い浮かんだことを記したのが、先の文章なのです。先生の言われる人生を味わうなかから体験できる心の糧だと思います。

一つの出来事を幸せと感じる人と、感じない人が実際にいます。その人の感性みたいなもので幸せのかたちが変わるわけですが、その感性は、その人がもって生まれたものであると同時に、育った家庭や社会、職場など、その人を取り囲む環境に影響されます。それで一人ひとりが、自分の感性を磨くという意識をもって人生を味わい、生きていく

ことがとても大切なのではないかなと思うのです。
自分の持ち味やそれが人にどういう影響を与えているのか、人から言われたことを自分の感性に照らし合わせて、それをどう咀《そ》嚼《しゃく》するのかということでしょうか。その作業をしないで自分の思いのままに生きるというのではなく、良い意味で自分を磨き、良い意味で健全な人間関係を築くための努力をするという視点が大事なのではないかと思うのです。病院のスタッフは医者であろうと、看護師であろうと、感性を磨くという努力を怠ってはならないと思いますね。
私が淀川キリスト教病院の理事長時代には、

そんな感性を磨くなどということはあまり意識せずに、会議に振り回されたりして終わってしまい、今非常に反省しているところです。そして、日本人全体の感性が何とも言えないような雰囲気になっている感じがしているのです。先生はどう感じられますか。

笹子 おそらくＳＮＳの世界では、フォロワーが何人とか、「いいね」が幾つついたとかいう肯定があって、それ以上のものがないわけです。肯定を数だけで求めていたら、感性など当然磨かれませんね。数ですから。

柏木 そうですね。情報手段の急速な発展する時代である現代社会が象徴する奇妙な現象の一つだと思います。

笹子 何人が「いいね」と言ってくれた。ただそれだけのことです。もちろん、中には本当に鋭い感性、感覚をもって世界をリードするようなことが言える人もいるでしょう。でも、多くの一般の人たちが、数だけで自分の承認欲求を満たそうとするわけです。これはもうタイム・パフォーマンス、コスト・パフォーマンスです。ですからやはり、感じることの意味や味わうことの意味が大切であると思うのです。お腹がただ膨れれば、それで良しというのでなくて、美味しかったねと言えることが大切であるということです。味わっていろいろなことにおいて美味しかったね、良かったね、嬉しかったねと感じるということです。それがなんかなくなってきている、そこに重きが置かれなくなった世の中になってきているのではないかと思うのです。

柏木　だからそれが、何人の人がＯＫしてくれた、ほめてくれた、「いいね」をくれたと数字化されたことで満足する世の中であるなら、少し具合が悪いなと思いますね。すぐに結論が出るような問題ではありませんね。まどろこしくても、この時代がもつ大きな流れに抗する努力も必要ですね。

笹子　「幸せのかたち」の「かたち」という問題ではないのかもしれませんが、医療職に従事している者は本当の幸せ、喜びに出合えるはずなのですが、出合いそこねている人たちがいっぱいいるように思います。システムとして出合えるようにしてあげることも必要です。でも、そこに置かれていても、そうしたものに目を向けないでいると、何かに追われ、ただただ物事が過ぎ去っていきます。求めているものが、業績ではなく、論文を幾つ書くとか、良いポストに就くとか、何かの会の責任者になるとかではなく、本当のものであってほしい。医療の世界には本当に味わえば味わうほど良いものがあるわけですが、それを見失わないようにするのが幸せ、一番大事なことではないかなと思うのです。

柏木　そのとおりですね。最終的には人間の生と死に関する最大の課題に日々直面している医療という仕事をしているという意味で、人間の幸せの根本に関わっていると言えると思います。病院全体がそういうふうな方向に向くことができるように、理事長がどう働くかということはこれまた大きな課題ですね。

笹子　そうですね。病院はお医者さんたちに数字を求めてしまうのです。それを強調すると、反発する人もいます。「なんだ、この病院は！」といった感じをもつ人もいるから。

柏木　それに注意しないといけませんね。私自身も理事長時代の葛藤がそこにあったと思います。

笹子　だから、一番大事なものは何かということをしっかりと握っていなければいけないと思うのです。

柏木　それこそ事務の責任者は、自分の責任として経営状況を知らせて、先生がたにも「今こんな状態ですから、もうちょっと頑張ってくださいね」と言ってしまうのですね。それも病院全体の健全な運営には大切ですが、それ以上に医療行為には目指すべき重要な働きがあると思います。

笹子　ベッドの充足率が今何％ですとか、先月の売り上げがこういう状況ですとか、報告をしてしまうのです。それをどの程度知ってもらわないといけないかという疑問もありますが。

私は今毎月、新規に採用された職員たちに「全人医療とは」というお話を四十分余りでしております。その中で、聖書からこんなことをお話しします。「神さまはアダムとエバをエデンの園に置かれた。そこを耕して管理するようにさせた。けれども彼らが罪を犯して、神さまはアダムに『もうこれからあなたたちをこの園には置けない。出て行って、生きるために、地を耕して、汗水を流して、働かなければいけなくなった』と語ります。そして女には産みの苦しみのことを言うわけです。ところが同じように、畑を耕して、何かを実らせて、草取りをするというようなことを趣味でする人は、楽しくそれをやっている。草木の生長を喜び、実ると嬉しい。それが命令されて、だれかに『やっておけ』と言われて、耕して草を抜いて実った、収穫の数字が仕事の唯一の支えとなり、今年この畑から何トン獲れたかだけが評価の対象となる。そんな医療をしたらだめだよ。そこに置かれて管理し、働くことを楽しむという気持ちと、命令されて奴隷のように働いて、収穫の数字だけが喜びとなることとの違い、それをしっかりと意識してほしい」と。これは本当に大事だと思うのです。

医療者はその喜びを感じやすい環境にありますが、それでもそれを見失う人もいるし、ましてほかの世界に行くと、本当に数字以外何にもわからなくなってしまう人もいると思います。デザイナーさんとか、建築の設計士さんとか、特殊な仕事をしている人はそれなりの喜びがあるのでしょうけどね。一般のサラリーマンや、お店で雇われて働いている人には難しいことかもしれません。建築業界とて、今は人手不足なので、その仕事に従事している人たちは大変だと思います。病院の改築増築の設計ができて、発注しても、工事にとりかかるのが半年ぐらい普通に遅れると聞いています。そんな時代ですが、その人たちは、自分が働いて、良いものが建ったときの喜びは一入《ひとしお》でしょうが、そうでないとすればつらいだろうなと思います。

患者さんにとっての幸せ、喜びとは
――共に悲しみ、共に喜ぶ

――患者さんの幸せについてはいかがでしょうか。もちろん、先ほどのお話のように、患者さんによって価値観は異なるでしょうが、先生がたはどのように接しておられるのでしょうか。

笹子　同じ人間として接すること、それから、先ほどのお話にあった、その人の痛みの四つの側面を理解しておくということですね。私は診察の際、ときどきお祈りもします。手術の前の患者さんにお祈りもしました。診察室ではなく、手術室で執刀の直前にですね。私の場合、医療事務補助者が外来診察では隣にいて助けてくれるのですが、その人は「この先生、変わった先生だ」と思っているかもしれません。でもそういう人たちにも伝わっているようです。私が何を考えて祈っているか、何を感じて祈っているか、それは患者さんからも戻ってきます。その患者さんが何を求めているか、それはもちろん病気が治ることでしょう。痛みが取れることでしょう。けれども、社会的痛みや精神的痛み、それから、ときにはスピリチュアルペインをかなり訴えてくる方もいます。それらにすべて対応するようにします。時間的な制約がありますから、そこにジレンマがありますが、一人ひとりのそういう痛みのためにも祈ります。一人ひとりに丁寧にやればやるほど外来の待ち時間が延びてしまいますから、そこのバランスが難しいところです。そんなときには、「十分にできなくて、ごめんなさいね」という一言は必ず言うようにしています。

柏木　私もホスピスの仕事をしていて、若い医師たちの、患者さんとの関わり方を見ていて、一番不足しているなと思うのは、気持ちや感情に対する手当てです。患者さんがいろいろとつらい話をするときには、「そうですか。それはつらいですよね」「それって悲しいですね」と一言言ってあげるようにと、彼らに伝えるのです。そうすると、もうそれだけで患者さんは自分のことがわかってもらえたと思うのです。「それはつらいですね」とか「悲しいですね」とか「それは許せませんね」とか、話の内容によって言葉は違ってきますが、とにかく自分の気持ちをわかってもらえたと患者さんが思えたら、関係がとても良くなります。

それをその人が自然にできたら一番良いわけですが、最初は意識的に行動する。「よし、感情に手当てをする言葉を言うぞ」というくらいの気持ちをもって、ベッドサイドへ行ってもらうようにするのです。「よし、きょうは、それって悲しいですね」と。もちろん、悲しくないときにそう話したら、絶対よくありませんけれども。要するに、感情を表現する言葉を、心を込めて、患者さんに言う練習をするのです。それを一生懸命続けていれば、必ず成長します。

笹子 ホスピスだとネガティブ感情が多いのですが、がんの患者さんで八年、十年、無事に過ごした方が来られたときには、「治ったと言っていいですね。本当に良かったですね」と一緒に喜ぶことが大切ですね。そういう人たちが結婚して子どもができると見せにやって来ます。そのときには「可愛いね、良かったね」と素直に言うのです。

柏木　一緒に喜ぶというのも大切ですね。「共に悲しみ、共に喜べ」というみことばもありますね。

笹子　子どもを診察室に入れたがらない親もいるようですが、私の外来の人たちは必ず一緒に連れて来て、「見てください。こんなになりました」と言って見せてくれます。そうしたら、私も嬉しいから「大きくなったね」と言ってしまうのです。幼子がいる中でがんを患い、大きなスピリチュアルペインを抱えていたわけですが、それから解放された喜びは本当に大きいものです。

柏木　そのようにして一緒に喜んでくれたら、その人たちも嬉しいですね。

――病院やクリニックへ行っても、症状しか診てくださらない先生と、

「本当に長い時間お待たせしてごめんなさいね」と言ってくださる先生とがいて、患者の立場からすると、その一言だけで半分くらい良くなったような感じがします。

本日は本当にありがとうございました。

おわりに

本書後半の「対談」で、著者柏木哲夫の相手をしてくださったのは笹子三津留先生です。先生は現在、淀川キリスト教病院の理事長です。東京大学の医学部を卒業して、パリ大学に留学し、帰国後、国立がんセンター中央病院の外科に勤務した後、兵庫医科大学の外科教授になられました。消化器外科を専門とし、特に胃がんの手術に関して第一人者と言われています。淀川キリスト教病院には外科の特別顧問として勤務し、その後、理事長となられました。

対談の時にお聞きしたことですが、先生の祖父母様と奥様のお母様がクリスチャンであったことなど、先生にとってキリスト教は身近な環境であったと思われます。先生は「妻の死産が、私が信仰を持つきっかけとなりました」と言っておられます。このことに関して、先生はある集まりで、「神様はその人その人に必要な時に、必要な体験をお与えになる」と述べておられました。

対談の中で私にとって最も印象深く、感動的だったのは、先生が理事長という職責を全うするために手術を辞められたということでした。胃がんの手術で名高い先生が、職責を全うするために「メスを捨てる」決断をされたというのです。主にある大きな決断であったと思います。

私の場合、大学から教育に専念する道を提案していただいたとき、それをお断りして、ホスピスでの臨床の道を歩むという希望を伝えました。そして、結果的には学生に臨床の場を提供することを条件にして、大学の教員となりました。

「幸せのかたち」を考えるとき、最終的には、そのかたちが神様に喜んでいただけるものであるかどうかが最も重要であると思います。笹子先生は、メスを捨てて、理事長職に専任することが神様に喜ばれることだと思われたのでしょう。私は、教育と臨床の両方に携わることが神様に喜ばれることだと思ったと自信をもって言うことはできませんが、神様はその選択を許してくださったと信じています。

連載の執筆と対談を通して「幸せのかたち」について考えてきましたが、最も大切なことは、そのかたちが神さまに喜ばれるものかどうかをいつも検証することなのだろうと、いま思っています。

本書の出版に際し、多くの方々にお世話になりました。まず、対談の相手をしてくださった笹子三津留先生に心からお礼を申し上げます。病院の理事長として多忙な日々を送っておられるなかで、対談の時を持ってくださいました。本当にありがとうございました。

本書の前半は、近畿放送伝道協力会が出版している月刊誌『福音の光』に連載された「幸せのかたち」と題する文がもとになっています。近畿放送福音伝道協力会の大澤恵太牧師と岩間洋牧師、スタッフの河合育子様にお世話になりました。心よりお礼を申し上げます。
高齢になり、作業が滞りがちの著者を助けて、編集、校正などに多大のご尽力を下さった長沢俊夫様と山口暁生様にも感謝いたします。

二〇二四年五月

柏木哲夫

＊聖書 新改訳 2017© 2017 新日本聖書刊行会

幸せのかたち

2024年7月1日 発行

著 者 柏木 哲夫

印刷製本 日本ハイコム株式会社

発 行 いのちのことば社

〒164-0001 東京都中野区中野2-1-5
電話 03-5341-6922（編集）
03-5341-6920（営業）
FAX03-5341-6921
e-mail:support@wlpm.or.jp
http://www.wlpm.or.jp/

ISBN 978-4-264-04507-6

◆好評発売中◆

柏木哲夫著

ホスピス・緩和ケアのこころと実際――スピリチュアルケアの必要性

死を前にした人に必要なケアとは何か。医療現場の状況を報告するとともに、患者さんとその家族のＱＯＬに欠かせない「たましいのケア」（スピリチュアルケア）の重要性を語る。

定価一、八〇〇円＋税

柏木哲夫著

心のケアとコミュニケーション

「物事の方向性に関心をもって、自分のまわりを見たり、考えたりするようになった。」ケアは一方的に提供するものではなく、多くのものを与えてもらうことでもあるとホスピス医として臨床現場から学んだ経験をもとに語る。

定価一、二〇〇円＋税

（重刷の際、価格を改めることがあります。）